DERNIER VŒU
DE LA
JUSTICE, DE L'HUMANITÉ,
ET
DE LA SAINE POLITIQUE;

En faveur des Colons de Saint-Domingue, et sur la nécessité et les moyens de rendre à cette Colonie sa prospérité.

Par G. LEGAL, Négociant au Port-au-Prince, et actuellement à Paris.

PREMIÈRE PARTIE.

Lecteurs, qui que vous soyez, n'attribuez cet écrit à aucune passion. Il est provoqué par la persévérance du Directoire exécutif dans une opinion et dans des mesures, qui rendroient impraticable le rétablissement de nos Colonies, et, sur-tout, par ses derniers messages au conseil des Cinq-cens sur cette matière.

A PARIS,
Chez DESENNE, libraire, au Palais-Égalité, Nos. 1 et 2.

Floréal, an V.

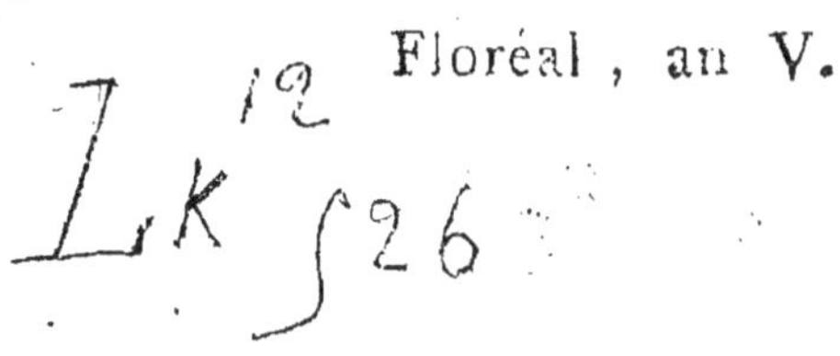

INTRODUCTION.

Dès le 14 thermidor an 3e. Je m'adressai au représentant du peuple Boissy-d'Anglas pour lui recommander la cause des malheureux colons de St-Domingue et celle de cette infortunée colonie; et en attendant qu'il accédat au desir que je lui manifestois de le voir s'en occuper d'une manière utile, je rédigeai cet écrit, auquel je n'ai fait depuis nul changement, du moins quant à la partie historique. J'ai eu long-tems la douleur de voir le public égaré par des rapports bien différens des miens; c'est que long-tems les esprits ont été tour-à-tour exaltés par l'exagération des principes, irrités par les oppositions respectives, ou abattus par le spectacle des maux; ou encore, que des gens qui n'ont pas vu les événemens, ou qui n'en ont vu qu'une partie, se sont avisés d'en rendre un compte général sur des rapports mensongers.

Après avoir présenté le mal tel que je l'ai vu, j'osois en indiquer les remèdes. Peut-être seroit-il à désirer que dès-lors on les eût employés. On y reviendra tôt ou tard; leur efficacité finira par frapper tous les yeux. Je crois avoir observé avec calme. Je crois n'avoir écouté que les leçons de l'expérience, qne les conseils de ma raison. Mon opinion, formée ainsi dans le silence des passions, à l'abri des influences de la crainte, de l'intérêt, de l'esprit de parti, mon opinion doit prévaloir, et déjà je vois s'y ranger bien des gens qui d'abord en avoient adopté une autre. Puisse le gouvernement à son tour, plus éclairé sur ce point, renoncer enfin à celle qu'il manifeste encore.

Je reçus du cit. Boissy, le 19 thermidor, une réponse favorable et dans laquelle il approuvoit quelques réflexions particulières que je lui avois préalablement communiquées sur la prise de possession de la partie Espagnole de l'isle. Je me félicitois d'être parvenu à intéresser un député aussi estimable, à une cause aussi importante. J'allois lui envoyer mon travail, et je me proposois de suivre mon plan de défense des colons, des colonies et du commerce national, jusqu'à ce qu'on eut rendu à chacun ce qu'il a droit d'attendre, lorsque j'appris que dès le 17 thermidor, c'est-à-dire trois jours après la datte de ma lettre et deux jours avant que d'y répondre, Boissy-d'Anglas avoit fait son rapport général sur les colonies. Dès-lors je me sentis découragé; je renonçai au projet d'écrire; à celui même de faire usage de ce que j'avois écrit. Mais une nouvelle crise s'approche; le gouvernement que ses bonnes intentions ne mettent pas à l'abri des conseils de la perfidie ou de ceux de l'ignorance, semble vouloir persister dans l'adoption des mesures qui doivent achever de perdre les colonies; mon courage se ranime, et je vais essayer de remplir ma tâche de citoyen.

D'ailleurs, le moment est arrivé où il s'agit de prendre un parti définitif sur ces précieuses possessions, et chacun de ceux qui se croyent capables de donner des avis utiles, doivent se hâter de le faire, pour éviter au gouvernement le regret de commettre de nouvelles erreurs, d'autant plus préjudiciables qu'elles ne pourroient plus être redressées sans une révolution nouvelle. Le concours des lumières, la multiplicité des réclamations, réussiront peut-être à ramener à des idées plus saines des hommes trop évidemment prévenus sur les hommes et sur les choses. Les colons blancs, *divisés par des motifs qui leur méritent à jamais la protection, l'intérêt et l'attachement signalés de la France*, irrités les uns contre les autres se sont respectivement accusés de trahison envers elle. La passion seule a dicté leurs récits; des ennemis les ont empoisonnés; il n'est point étonnant que le gouvernement se soit égaré. Je lui présente aujourd'hui l'exposé fidèle des principaux faits et de leurs causes. Peut-être sera-t-il frappé de leur évidence, peut-être éclairé par ce trait de lumière, rendra-t-il enfin justice à des hommes qui, au lieu des persécutions qu'on veut encore leur susciter, méritent toute l'étendue de sa protection. Peut-être, enfin, goutera-t-il les moyens que j'indique, pour réparer les maux, et se décidera-t-il à en faire usage.

J'ai aussi pour but de fixer l'opinion des

négocians français sur l'esprit et les dispositions qui ont causé le bouleversement des colonies, et sur le véritable esprit de la population qui y reste. Sans des notions positives sur cet objet, ces négocians courroient le risque de s'égarer dans leurs futures spéculations. Je suis plus ou moins connu de tous ceux dont les relations à St.-Domingue étoient un peu fréquentes ; j'ose croire qu'ils s'en rapporteront à moi.

Ce sujet, il est vrai, a déjà été tant de fois traité par des hommes d'un talent distingué, que je dois m'attendre à trouver bien peu de lecteurs, sur-tout ne pouvant les dédommager par les charmes du style qui souvent, quoique dépourvus de faits réels, produisent bien plus d'effet que la vérité nue. Mais il est des choses qu'il suffit de présenter naïvement ; et l'homme qui desire rectifier ses idées sur les troubles de nos colonies et sur les moyens de régénérer ces contrées, n'aura peut-être pas à regretter de m'avoir sacrifié quelques instants.

Je l'invite au reste, à ne pas perdre de

vue que ma relation et mes avis ne comprendront que l'ensemble des hommes, des choses et des événemens. Loin de moi l'idée de présenter des personnalités et des dénonciations. Il n'y aura que la force de la vérité, que l'ascendant de la conviction qui me feront donner à mes relations la forme des accusations les plus graves. L'animosité n'égarera point ma plume ; mais l'intérêt qu'inspire l'innocence ne me permettra pas d'indulgence pour le crime qui s'obstine à la persécuter. Ma narration finie, je conserverai le calme et l'esprit de concorde qui conviennent à un homme de bien, l'oubli de toutes les fautes et de tous les excès, et je proposerai ce principe comme le premier de tous les moyens propres à rendre à Saint-Domingue sa prospérité. *

---

* Voulant rendre ma relation aussi abrégée qu'il soit possible, j'en ai détaché tous les détails; mais j'en ai inséré les plus essentiels dans des notes qui sont à la suite de la relation principale, et qui l'appuient. Si ces notes sont inutiles à certains lecteurs, elles pourront être intéressantes pour d'autres.

DERNIER VŒU

DE LA

JUSTICE, DE L'HUMANITÉ,

ET

DE LA SAINE POLITIQUE;

En faveur des Colons de Saint-Domingue, et sur la nécessité et les moyens de rendre à cette Colonie sa prospérité.

Précis de ce qu'étoit la Colonie de St.-Domingue.

SAINT-DOMINGUE, azyle de la plus douce tranquillité, couvert de plantations floris-santes, répandoit l'aisance sur la mère patrie. Des revenus immenses venoient se disséminer dans les familles des marins, dans celles des ouvriers de tous métiers. L'accroissement de nos villes, de nos manufactures; celui du nombre de nos navires, de notre marine, de notre population elle-même, résultoient, en partie, du produit de ces possessions précieuses. Il n'y avoit pas un Français qui ne prît plus ou moins directement sa part de ce salutaire tribut. La paix, le calme et le bonheur universel, y présidoient. (A) Si un climat trop brûlant, rendoit aux Européens qui débarquoient sur ses bords, son séjour d'abord incommode, et quelquefois périlleux, quelques précautions faciles à prendre, une conduite réglée suffisoient pour le mettre à l'abri de ces dangers; un accueil sans exemple, une perspective riante, l'en dédommagoient. Le voyageur pouvoit, d'un front serein, y parcourir nuit et jour les lieux les plus habités, comme les déserts les plus lointains, les montagnes et les forêts les plus sombres. La défiance en étoit bannie. Le propriétaire entouré d'hommes qui lui étoient subordonnés, pouvoit, ainsi que ces hommes eux mêmes, se livrer avec une sécurité complette et sans l'inquiétude accablante des moyens de subsistance pour le lendemain, aux douceurs du sommeil, qui n'étoit interrompu que par les jouissances d'un sentiment plus vif sous cette zone brûlante, qu'en aucun autre endroit du monde. L'homme n'y connut jamais la nécessité. L'hos-

(A) L'expérience a démontré que tous les hommes ne peuvent atteindre au même dégré de bonheur ou au moins d'aisance; mais aux yeux d'un homme de bonne foi, il n'est point de pays où l'aisance et le bonheur fussent plus généralement répandus sur toutes les classes que dans les Colonies.

pitalité la plus universelle, la plus loyale, la plus désintéressée, y formoit la principale base de la société. Tout homme, fût-il entièrement dépourvu de moyens pécuniaires, pouvoit également parcourir le territoire d'une manière agréable, et régler d'avance les lieux de ses séjours, de ses repas et de ses délassemens journaliers; l'azile et le dîner de famille lui étoient offerts avec aménité. O! douceur d'une telle existence, qui seule pouvoit balancer l'attrait du pays natal, celui des arts, des plaisirs qui, pour des Français, ne se trouvent que dans leur patrie! Hospitalité! tu méritas toujours le premier rang parmi les vertus. (B)

Telle étoit la situation, telles étoient les principes de l'immense majorité des habitans d'un pays calomnié par des hommes jaloux de son bonheur, et intéressés à sa perte, sans doute, puisqu'en effet, ils l'ont opérée au grand détriment de la métropole. Mais, dans ce séjour heureux à tant d'égards, les hommes payèrent, comme ailleurs, leur tribut de foi-

---

(B) Vous tous, Colons, de toutes les classes et de toutes les couleurs! Reconnoissez-vous là votre ancien séjour? Qui de vous, à ce tableau fidèle, pourra se défendre de verser des larmes d'amertume et de regrets?

blesse à l'humanité ; comme ailleurs, les abus s'y introduisirent : le gouvernement et les citoyens eurent des torts, et le climat ajouta à la violence des passions.

Trois sortes d'hommes habitoient ces contrées.

Des hommes blancs, ou *des Européens*, nos compatriotes, nos vrais frères, nos amis, nos parens, nés parmi nous, ayant nos mœurs et nos habitudes, se livrant, par l'attrait de l'exemple, à cette ambition souvent féconde en excès, mais source constante de l'activité qui opère le bonheur commun lorsqu'elle n'est pas accompagnée de l'avarice. Ces blancs tant calomniés étoient, sans comparaison, les hommes les plus actifs, et quoiqu'on en ait dit, les plus généreux.

Des hommes noirs sortant d'Afrique, d'un caractère généralement bon, amis des blancs, mais essentiellement paresseux, faciles à diriger en tous sens, et sur-tout, vers le mal.

Des hommes, enfin, sortant de ces deux premières classes, et connus sous le nom d'*hommes de couleur*. Même avant nos troubles, je les regardois comme bien plus disposés aux vices qu'aux vertus, et comme capables seuls, d'empoisonner la population coloniale.

Je les plaignois d'avoir hérité des défauts et presque d'aucune des qualités morales de leurs ascendans. Là se bornoit le jugement que j'en avois porté. Persuadé que, comme les autres hommes, ils avoient reçu de la nature des traits indélébiles, je gémissois de les voir si maltraités par elle, et je ne me sentois pas le courage de les haïr. Une trop cruelle expérience m'a appris depuis, à ne plus voir en eux que des êtres pervers, contenus par la digue des lois, mais qui, livrés à eux-mêmes et au torrent des vices encore cachés dans leur sein, sembloient nés pour le meurtre et les dévastations, et pour être entre les mains des différentes factions qui s'en sont servies, les instrumens exécrables par lesquels s'est couverte de forfaits la malheureuse terre qui leur a donné le jour. Puisse l'effet des maux dont ils ont accablé les autres, et ceux qu'à leur tour ils éprouvent, les ramener dans le sentier de la vertu et de l'humanité. Puissent nos épouvantables calamités nous faire sentir à tous la nécessité d'un rapprochement sincère et durable.

CE QU'EST DEVENU SAINT-DOMINGUE.

Précis de la révolution de cette malheureuse Colonie. Moyens de juger chacune des classes de ses habitans et l'atrocité des persécutions dirigées contre les Colons Européens.

Personne plus que moi, peut-être, n'étoit à même de présenter une histoire exacte de la révolution de St.-Domingue, au moins depuis 1788, qu'elle sembla s'annoncer, jusqu'en 1792 que je quittai ce séjour déjà dévasté pour passer en France. Les correspondans respectables que j'avois comme négociant, ne m'ayant rien laissé à desirer sur les détails et la vérité des événemens qui survenoient dans les quartiers que je n'habitois pas, il ne me restoit qu'à prendre une note exacte de ceux qui se passoient sous mes yeux, et je m'en étois occupé. Mais la prudence m'a forcé à me dépouiller de ces matériaux qui pouvoient, dans des tems d'agitations et d'injustices, compromettre mes amis, et il ne m'est resté que les traits principaux de ce tableau gravé dans ma mémoire, mais suffisants toutes fois pour me faire éprouver souvent des frémissemens involontaires d'horreur et d'indignation.

Au reste, quelque intéressante que puisse être l'histoire détaillée de la révolution de ce malheureux pays, quelque digne qu'elle soit d'exercer la plume éloquente de nos meilleurs écrivains, elle n'est pas essentielle au but que je me propose. Elle se réduit après tout, à une suite d'événemens plus ou moins horribles, provoqués tour-à-tour par les factions en apparence les plus opposées, mais qui semblent avoir été constamment dirigées par une intention uniforme de dévastation, sans qu'à travers la complication de tant de faits, on puisse distinguer de quelle source a découlé la plus forte partie de ce déluge de forfaits et demaux.

Telle est l'idée générale que peut se former de tous ces événemens, un esprit droit et intègre, qui a été à portée de juger par lui-même, qui avoit de la colonie une connoissance approffondie sous tous les rapports, qui n'a pas à sa charge un seul trait qui mérite la désapprobation d'aucun des partis revenus de leurs erreurs, et qui enfin, osa blâmer hautement et dans tous les tems tous les excès, quelque fussent les partis

ou

ou les individus qui se les sont permis. C'est d'après cette profession de foi que je vais tracer le tableau gradué de nos malheurs.

Avant notre révolution, ce que l'on appelloit le despotisme du gouvernement s'étoit fait sentir à St.-Domingue plus qu'ailleurs, et les habitans n'eurent pas la sagesse de concevoir que leur tranquillité et leurs fortunes en dépendoient.

L'intendant Barbé-Marbois, très excellent administrateur, le dernier et le meilleur sans doute que jamais St.-Domingue ait eu, poussa néanmoins la séverité et même quelques fois l'arbitraire à un tel point, qu'il irrita le germe du mécontentement général (1) et contribua peut être beaucoup et contre son vœu, à déterminer la précipitation de cette députation de St.-Domingue aux états-généraux, qui fût presque aussi illégale que l'est à mes yeux, celle qui siége actuellement, et contre tous les principes, dans le corps législatif.

Dès cette époque les amis des noirs, ou soi-disant tels, eurent des agens secrets à St.-Domingue; plusieurs d'entre eux débarqués dans la colonie et feignant de ne vouloir s'y employer qu'à l'agriculture, s'y placèrent sur des habitations dont ils pré-

paroient la ruine. L'oreille des nègres leur étoit ouverte, ils y semèrent les germes de la sédition la plus dévastatrice. (2)

Tout prouve en même tems que l'Angleterre cherchant dès-lors à profiter des mouvemens qui s'opéroient en France, et non seulement à y créer des divisions, mais aussi à se faire des créatures dans les parties des possessions françaises susceptibles de tomber le plus facilement en son pouvoir ou d'être le plus facilement détruites, trouva dans quelques individus de St.-Domingue une partie des traîtres qu'elle cherchoit, (3) et ses agens dans l'isle comme ceux qu'elle avoit en France, contribuèrent à faire pleuvoir dans la colonie une nuée de créatures qui devoient contribuer à y porter le désordre.

S'il est permis de juger sur des probabilités appuyées des apparences les plus frappantes, il n'est pas douteux que tous les principaux corps et personnages maltraités en France par la révolution, convaincus que la perte des colonies devoit opérer celle du commerce, des manufactures et de la marine; que le désœuvrement des ouvriers, la misère et le mécontentement général qui s'ensuivroient, produiroient nécessairement un soulèvement, des divisions et une guerre civile, crurent ce moyen infaillible pour amener une contre-révolution, ou tout au moins pour faciliter l'entrée du territoire français à des armées étrangères. (4)

Ainsi, les révolutionnaires et les contre-révolutionnaires de tout genre travaillèrent comme de concert à révolutionner St.-Domingue.

Rien n'étoit plus aisé que de bouleverser la colonie en réussissant dans un seul point : celui de diviser les blancs entr'eux ; mais ce point étoit indispensable, les blancs n'ayant rien à craindre des autres couleurs, si ils fussent demeurés unis, et se trouvant en général plus ou moins intéressés au bon ordre, auroient suffi seuls pour le maintenir. (5) Aussi, à l'aide de quelques différences d'opinion qui s'élevèrent parmi eux, les moyens les plus adroits furent employés pour rompre tout-à-fait leur bonne intelligence.

D'un vœu à peu près unanime, et à peu près par les mêmes moyens employés en France pour l'installation des nouvelles autorités, sauf quelques irrégularités ; une assemblée coloniale fut formée à St.-Marc, des municipalités le furent dans toutes les paroisses, (A) et il

(A) Commencement de l'année 1790.

s'y glissa par la cabale et l'intrigue non-seulement quelques têtes exhaltées, mais quelques hommes perfides vendus à des partis et qui cédèrent à leur propre ambition, ou à l'influence de leurs intérêts particuliers quels qu'ils fussent. Les mœurs de ces hommes étoient connues de ceux des habitans de l'isle qui par leur situation, leur expérience et leurs relations, étoient le plus à même de les juger, et la défiance entra dans le cœur de cette portion considérable de colons qui avoient plus à perdre que d'autres et tout à craindre de ces esprits turbulens. *A cette défiance succéda la désapprobation et la révolte formelle, lorsqu'on vit les hommes les plus soupçonnés, posséder la plus grande prépondérance et amener à des délibérations et à des actes qui parurent tendre à la trahison ou à l'indépendance.* (6)

En improuvant l'assemblée coloniale et en se réunissant pour la dissoudre, il falloit, pour éviter une subversion totale, reconnoître cependant quelque autorité. Cette partie des citoyens, sans contredit la plus éclairée, la plus sage et la plus attachée à la France par ses intérêts, crut prudent et bien plus convenable de laisser provisoirement l'exécution de l'administration coloniale aux anciens chefs et employés du gouvernement. Ceux-ci saisirent avec avidité cet incident, encouragèrent cette confiance par une conduite qui peut-être ne fût patriotique qu'en apparence, firent corps avec cette partie des colons et surent se l'attacher pour en profiter au besoin.

Mais d'un autre côté, une foule de blancs qui comme les autres avoient donné leur vœu pour la formation de l'assemblée coloniale, sans être pour la plupart aussi capables d'apprécier quelques hommes, et leur conduite, et de pénétrer leurs intentions, ne voulut connoître que l'exécution de ce vœu. Les nouvelles de France manifestoient la puissance et la confiance dont jouissoit l'assemblée nationale, les perfidies prétendues ou réelles des chefs du gouvernement d'alors, le renversement mérité ou non des autorités anciennes; (7) *ils durent être induits à comparer l'assemblée coloniale à l'assemblée nationale, les hommes du gouvernement à St.-Domingue aux hommes du gouvernement en France: ils tinrent pour l'assemblée.*

Voila donc deux partis bien fortement prononcés et irrités l'un contre l'autre et seulement parce qu'ils avoient pour but unique et mutuel de conserver la colonie à la France ...... Voila des Français qui courent à leur perte, qui sacrifient leur tranquillité, leurs liaisons d'amitié et de famille, leur bonheur, leur existence, au seul intérêt d'une patrie adorable pour eux! (A)... *et ce sont ces hommes que l'on a accusé et que l'on s'obstine à présenter en masse comme des perfides, et sur lesquels les assemblées nationales successives que l'on est parvenu à égarer n'ont pas encore jetté un regard d'intérêt et de justice....* Et c'est contr'eux que le Directoire exécutif toujours égaré lui-même par la perfidie et la passion de quelques hommes, sollicite la loi la plus terrible, pire à mes yeux que la peine de mort, et la fait exécuter provisoirement et arbitrairement par ses délégués à St.-Domingue! .... et ces délégués sont les mêmes hommes, qui forcèrent ces malheureux Français à fuir en masse leur domicile pour se soustraire à la mort qu'ils leur préparoient! (8)....

C'est alors que les chefs du gouvernement d'une part, les membres prépondérants de l'assemblée d'une autre, les faux philántropes

---

(A) Calomniateurs! attenuez ces faits s'il vous est possible! .....

et toutes les factions destructives, zélées protectrices de cette rivale éternelle de la France, crurent que c'étoit le moment de mettre les blancs aux prises entr'eux mêmes. Hélas! ils y parvinrent. La nuit du 29 au 30 juillet 1790, (9) eut lieu, le sang cimenta la discorde, rendit les haines implacables, et cette colonie fut perdue!.. Elle, qui ne pouvoit conserver sa tranquillité et sa splendeur, que par la bonne intelligence des Européens, opposée à l'inclination des autres castes pour le désordre.... *De-là ces dénominations injurieuses de parti à parti, d'individu à individu; ces accusations réciproques;* de-là l'altération ou l'exagération de tous les faits dans les différents rapports volontaires ou officiels, et l'*impénétrabilité* des machinations les plus abominables qui aient existé.

Dès ce tems, la France négligea Saint-Domingue, abandonna les partis à eux-mêmes, *maintint leurs prétentions respectives par des décrets successifs et toujours contradictoires*, (10) ne les appuya jamais de forces protectrices, ou n'y envoya quelques foibles détachemens que pour concourir à sa ruine, au moyen des hommes fourbes ou qui les dirigeoient, ou qui les débauchoient, et qui, d'avance, avoient combiné la perte et des soldats, et des Colons, et des Colonies. Ils ont en effet perdu les uns et les autres.

Au moins, jusqu'ici, des hommes seuls s'entrechoquent; loin d'eux l'affreuse idée de porter leur ressentiment sur des propriétés innocentes. Mais bientôt un danger plus imminent vint frapper tous les esprits. Les deux partis irrités semblèrent un instant vouloir se réunir pour la défense de l'intérêt commun. Vains efforts ! La haine, sentiment horrible et d'autant plus violent, qu'ils le connurent pour la première fois, venoit d'élever entr'eux une barrière insurmontable. Les hommes de couleur, que le gouvernement ancien avoit su se ménager, déjà méchans par caractère, et stimulés par des lettres attribuées à Brissot et à Grégoire, jouant en même-tems tous les partis et se servant à leur tour de toutes les intrigues, profitèrent de cet instant de division, et conséquemment de foiblesse des blancs, pour se rassembler secrettement et en armes dans des quartiers éloignés, et paroître ensuite la torche d'une main et le poignard de l'autre, avec des réclamations bien plus étendues que celles qu'ils présentoient à l'assemblée nationale. La majeure partie des blancs y résista.

La nécessité, pour ne pas tomber dans la plus cruelle anarchie, de maintenir les lois existantes jusqu'à ce que l'assemblée nationale leur en donnât enfin de fixes et de positives ; la crainte d'une subversion totale dont l'exemple de cette insurrection faisoit d'autant plus pressentir le danger, que déjà les mulatres entraînoient dans leur soulevement beaucoup de noirs attachés aux habitations ; (11) l'espoir même de voir rapporter des lois, qu'ils regardoient comme surprises au sénat de France, et incompatibles avec la prospérité des Colonies ; tout défendoit aux Colons Européens d'en recevoir une qui étoit dictée par le caprice d'une poignée d'incendiaires, agens très-actifs de la ruine de la France, ouvertement protégés, et protecteurs alors des chefs et des employés de l'ancien gouvernement.

En effet, ils portèrent avec une attention bien marquée leurs premiers massacres sur ceux qui s'étoient le plus manifestement prononcés pour la révolution française. La classe des ouvriers, des petits habitans ou petits blancs, ainsi qu'ils les appeloient, fut entièrement détruite dans les quartiers qui tombèrent en leur pouvoir. Non-seulement ils épargnèrent d'abord les personnes attachées par état à l'ancien ordre de choses ; mais dans certaines parties ils en avoient à leur tête. (A) Cette politique leur étoit nécessaire pour maintenir la division parmi les blancs, qui n'auroient pas manqué de se réunir enfin, s'ils se fussent crus tous également menacés. Dans la suite, et lorsque les blancs furent assez affoiblis, les hommes de couleur ne firent plus de choix, et portèrent indistinctement par-tout le ravage et la mort.

Ainsi, Grégoire, Brissot et quelques autres, d'une part; (12), de l'autre, tous ceux qui étoient en relations avec l'ancien gouvernement, et qui vouloient le protéger; les Anglais et toutes les factions qui secondoient leurs vues, ont également contribué au même résultat : à accabler notre Colonie de ce torrent de crimes et d'horreurs, qui doit à jamais distinguer les hommes de couleur de St.-Domingue, (13) de tous les dévastateurs qui jamais se sont signalés dans toutes les révolutions du monde; à ruiner la France dans ses Colonies, dans son commerce, dans ses manufactures, dans toutes les sources de sa prospérité; à donner essentiellement à cette fière Albion la pré-

(A) Les Kernscoff et autres.

pondérance sur les mers et la faculté de nous interdire jusqu'à la sortie de nos ports. (14)

Ces hommes de couleur aussi lâches qu'atroces osèrent-ils jamais se mesurer avec les colons européens suivant les lois ordinaires de la guerre? L'approche d'une armée de blancs même inférieure à leurs forces, fut toujours le signal de leur fuite ; un incendie universel la proclamoit à tous les yeux : car ils ne manquoient jamais de ravager les lieux qu'ils étoient forcés de quitter ; et si les oreilles, et le cœur des colons n'étoient pas au même instant frappés des cris lamentables des victimes que les mulatres assassinoient de toutes parts, c'est qu'ils avoient soin d'observer toujours une distance qui servoit à protéger leur crimes!... Attaquoient-ils? ils jettoient en avant de leurs rangs des milliers de malheureux noirs la plupart sans armes, comme pour leur servir de remparts, et restoient les paisibles spectateurs du combat et de ses résultats affreux. (15) Se répandant ensuite par bandes dans les campagnes, ils immoloient sans danger dans leur lâche férocité, les malheureux blancs épars sur les habitations, et occupés paisiblement à leurs travaux. Leur seule étude étoit d'inventer chaque jour quelques tortures nouvelles : (16) tantôt, pour varier leurs récréations sanguinaires, ils épuisoient les cruautés sur de jeunes femmes quelquefois enceintes, les éventroient, jettoient aux pourceaux les fruits de leurs chastes amours, (17) et couronnoient leur œuvre infernale par l'assassinat des malheureux époux, s'ils étoient en leur pouvoir; tantôt, négligeant d'égorger de suite les blancs qu'ils trouvoient épars, ils les entassoient dans les prisons ou ailleurs et les fusilloient en masse. (18)

Les blancs ne suffisoient pas pour assouvir ces tigres. Ils se précipitoient sur les attelliers tranquilles des noirs, les forçoient à les suivre et à les imiter; et les têtes de ceux qui résistoient ou qui hésitoient tomboient sous leurs glaives criminels; aussi il est avéré que la révolte des noirs et leurs excès, n'ont pas moins été le fruit de la crainte que celui de la séduction.

C'est ainsi et par ces seuls moyens qu'ils ont dépeuplé la colonie. Que dis-je? Tour-à-tour agens de tous les partis, de toutes les fureurs, de l'anglomanie, de la superstition même; (19) toujours couverts du masque de la fourberie ils ont fini par se trahir (20) et se détruire les uns les autres.

Il ne manquoit pour combler la mesure des maux de notre malheureuse Isle et de nos infortunés compatriotes, que d'y envoyer les commissaires nationaux Polverel et Sonthonax. Ces deux délégués, revêtus contre tous les principes moraux et politiques, de pouvoirs illimités pour un pays sur lequel ils n'avoient nulle connoissance, beaucoup de préventions et des vues particulières; dans lequel ils ont été eux mêmes des agens de fourberie, de terreur et de cruauté et dont on ne sauroit douter qu'ils n'eussent conjuré la perte; pour un pays situé au-delà des mers, à 1,500 lieues des autorités répressives du crime; dans un tems dailleurs, où ces autorités elles-mêmes étoient courbées sous le joug d'une faction criminelle : ces délégués, dis-je, placèrent la plus grande masse des pouvoirs dans les mains des Cannibales que je viens de dépeindre, réveillèrent la discorde qui fatiguée de ravages sembloit s'être appaisée, ranimèrent la guerre civile, pillèrent et incendièrent les lieux qui, tels que la ville du Cap, (21) riches et intacts encore, pouvoient faire refleurir la colonie; emprisonnèrent ou déportèrent eux-mêmes l'immense majorité des blancs dont ils proscrivirent en quelque sorte la couleur, et forcèrent, par tous les genres d'exaction, les plus courageux et les plus constants des européens à renonçer au dernier rayon d'espoir, et à abandonner leurs foyers dévastés transformés en repaires de brigands..........

Legislateurs! ce sont ces êtres en faveur de qui, toute la nature s'interesse et réclame, ees restes éplorés et dispersés de familles autrefois réunies et puissamment utiles à la France par leur étonnante activité et leur industrie, ce sont ces Français proscrits sans distinction de sexe ni d'âge, errants de toutes parts, traînant aprés eux leur misère, condamnés à des gemissemens éternels, poursuivis jusqu'au-delà des bornes connues du malheur; ce sont eux, à qui des hommes, implacables ennemis de la France et de sa prospérité, prétendent faire un crime, d'avoir, en échappant à la mort comme par miracle et en se réfugiant sur une terre amie et hospitalière, cédé à ce sentiment impérieux de la nature: au soin de leur conservation!......Barbares! falloit-il donc encore tendre la gorge à nos bourreaux?

Le Directoire lui-même constamment et indignement trompé, semble annoncer que le fisc avide convoîte encore le sol nud et ravagé que je viens d'exposer aux regards du lecteur. En voulant assimiler aux émigrés les colons blancs réfugiés en Amérique, il semble envier aux malheureux dont je défends la juste cause, jusqu'à la consolation de déplorer leurs maux sur la tombe de leurs amis, de leurs pères, de leurs épouses, de leurs enfans chéris !.....

Mais non : l'intrigue aura vainement soutenu cette longue et cruelle lutte contre la vérité et la justice. Le gouvernement reconnoîtra les erreurs où l'ont entraîné des hommes perfides. Plus sage, plus éclairé sur un pays que son éloignement rend si difficile à connoître et à juger, il se convaincra que de vrais Français seuls, attachés à la mère patrie par toutes sortes de liens, pourront conserver à la France ses colonies, et féconder encore une fois ces contrées jadis si florissantes. (22) Les colons européens trouveront enfin à la suite d'une proscription sans exemple, une protection moins utile pour eux-mêmes que pour les habitations qu'ils réclament ; et sous les auspices d'un gouvernement pacificateur l'humanité sera vengée sans réactions sanglantes ; et par la seule force des lois la perversité sera désarmée, l'intrigue enchaînée et la prospérité rendue à la plus brillante colonie du nouveau monde.

Nota. Présumant que la cause particulière des Colons accusés, et les moyens de réparer les maux de St.-Domingue seront deux objets traités séparément par le Corps législatif, j'en ai également formé deux parties. Le lecteur vient de voir le mal dans la première, il trouvera le remède dans la seconde qui paroîtra incessamment.

NOTES.

[1] IL s'en faut bien que j'aye ici l'intention de jetter un vernis défavorable sur le citoyen Marbois que je respecte comme un homme de probité et de mérite. L'excès du zèle conduit quelquefois à des erreurs, et je suis bien convaincu que celles en petit nombre, qui peuvent lui être imputées n'ont pas eu d'autres causes. Je voudrois voir le département de la marine et des Colonies dans ses mains et j'en espérerois le plus grand succès. Mais je ne puis m'empêcher de le blâmer, lorsque, plus capable que personne de deffendre l'intérêt de nos Colonies et du commerce national contre les fautes dans lesquelles on ne cesse de faire tomber le gouvernement, il garde un silence que j'oserois presque appeler coupable.

[2] Il y a des hommes qui sont convenus avec moi que ce motif les avoit conduits à St.-Domingue, et qui trahissoient ainsi les Colons dont ils avoient recherché la confiance.

[3] Eh ! quel fut le pays assez heureux, pour ne renfermer que des hommes droits. Les Français des Colonies sont-ils plus coupables parce que leur maux ont été portés à leur comble et qu'en outre de quelques agitateurs qu'ils avoient parmi eux, la métropole a pris soin de leur en vomir un grand nombre d'autres !

[4] On sait que toutes les premières insurrections des nègres, à St.-Domingue, ont eu pour enseigne *le drapeau blanc*; et pour devise : *Vive le Roi.*

[5] Jérémie a été la seule paroisse où les blancs ne se soient pas divisés. En vain les hommes de couleur se sont-ils, à plusieurs reprises, rassemblés en masse et ont-ils marché contre elle; ils ont été constamment défaits, et cette paroisse a conservé ses citoyens et ses propriétés, que le fer et la flamme eussent bientôt détruits, si Sonthonax n'eût échoué dans ses tentatives.

Je ne prétendrai pas juger la conduite des Français qui habitent à St.-Domingue, dans les lieux qu'occupent les Anglais, et qui, si l'on veut, leur ont été livrés. J'observe seulement que ces Français, en général, n'ont rien de commun avec ceux en petit nombre qui ont été faire ce ridicule traité avec le gouvernement Britannique, pour la reddition de l'isle ou de certaines places; mais j'affirmerai que cette immense et innocente majorité des habitans de ces quartiers ne pouvoit opter qu'entre les ravages et la conduite qu'ils ont été forcés de tenir. On concevra facilement que si les lieux qui n'ont fait presque aucune résistance contre les incendiaires ont été presque entièrement détruits, les lieux et les habitans qui avoient excité leur rage par une résistance opiniâtre de plusieurs années, menacés enfin de succomber, ne pouvoient espérer aucun ménagement; et sur cette assertion, je laisse à l'homme juste et impartial à prononcer.

Mais, si les malheureux Colons blancs ont été dans quelques endroits réduits à cette affreuse nécessité d'opter entre deux ennemis cruels, pour celui qui le le leur parut moins; les hommes de couleur et les noirs si évidemment protégés de la France, avoient-ils de même, du moins ceux contre qui cette accusation est applicable, le plus léger motif pour être tour-à-tour dévoués aux Espagnols et aux Anglais, et pour leur livrer les quartiers les plus intacts ? Cette conduite ne prouve-t-elle pas que l'instabilité de leur caractère, leur indifférence pour la France, ou un peu d'or, mettroient à la discrétion de la première puissance maritime, la possession et le sort de nos Colonies si la garde leur en étoit confiée ?

Au reste, peut-être est-til permis de dire que ceux là qui n'ont reçu les Anglais momentanément, que dans la seule vüe de conserver à la France des propriétés d'un rapport considérable, qui, dans tout autre cas auroient été détruites sans rémission, ont plutôt mérité sa louange que sa réprobation.

[6] Tout prouve que cette seule crainte de la part de ce parti des blancs produisit le soulèvement contre l'assemblée coloniale séante à St.-Marc, opinion qui fut vigoureusement soutenue par toutes les villes maritimes de France.

[7] Si quelquefois je me sers d'expressions qui marquent le doute sur les choses dont mon jugement n'a jamais pu me fournir la certitude, on peut d'autant plus croire aux faits sur lesquels mes expressions sont formelles.

[8] Il est bien reconnu que l'homme criminel envers l'innocence, ne pardonna jamais à sa victime les cruautés qu'il exerça sur elle. Plus il en a commis, plus sa haine et sa persécution deviennent implacables; il n'est donc point étonnant que les ennemis des Colons le soient de plus en plus. Mais conçoit-on que le gouvernement, dont les intentions sont

pures, et que l'expérience a dû instruire, puisse encore chercher à faire considérer la fuite des Colons comme une désertion coupable ? — Ils devroient, dit-on, être à défendre les Colonies contre les ennemis qui s'en emparent. — Fort bien : mais il eût fallu que ces malheureux blancs n'eussent pas eu connoissance du projet bien formé d'extirper leur race dans les Colonies ; il eût fallu que l'expérience ne leur en produisît pas la preuve physique et journalière. A-t-on jamais appris un seul événement de St.-Domingue depuis les premiers jusques à ceux qui viennent encore de frapper nos oreilles, dont le résultat n'ait été l'assassinat des blancs ? . . . . . La hache criminelle, constamment aiguisée, ne menace-t-elle pas toujours la tête des Européens ? . . . .

Mais ; dit-on encore : ils devoient passer en France, les moyens leur en étoient offerts — et Quoi ! Lorsque tous les Colons qui sont en France gémissent dans la plus pitoyable misère ! Lorsque des mères vieillies dans l'aisance se voient forcées de vivre des secours d'autrui, si toutes fois elles en obtiennent ! Lorsque des jeunes filles destinées à une éducation brillante et honnête, à une fortune du premier ordre, sont, les unes absentes de leurs parens ou devenues tout-à-fait orphelines, livrées à toutes les rigueurs et à tous les inconvéniens de la pauvrété et de l'abandon à soi-même dans un âge tendre et foible, d'autres obligées de subir ce sort affreux sous les yeux de parens aussi malheureux qu'elles ! L'orsqu'enfin dans cet état déplorable, il suffit encore d'être Colon Européen pour voir le gouvernement déployer perpétuellement contre soi toutes les mesures et les accusations qui peuvent porter le désespoir au comble ! Lorsqu'aucune démarche en faveur de ces Colons n'a encore été écoutée, même du Corps législatif ! Vous voulez que des pères de familles qu'aucune loi formelle ne rappelle rigoureusement en France, qui, pour la plûpart ne pourroient être d'aucune utilité à la patrie, à qui des secours honnêtes sont offerts en Amérique pour le tems de leur exil, exposent les objets de leur dernière consolation et s'exposent eux-mêmes, à toute l'insalubrité, la malpropreté, les incommodités et souvent les indécences communes dans les parlementaires, où la plûpart du tems les individus sont entassés les uns sur les autres et mal nourris; pour venir en France traîner la vie que je viens de tracer, et si la mort les y moissonne, exposer leurs enfans à la misère et à la prostitution?....

[9] Affaire du comité du Port-au-Prince dont le succès tourna contre les partisans de l'assemblée de St.-Marc. Elle donna lieu en partie ensuite à l'embarquement des 85 membres de cette assemblée, dont les adieux immodérés qu'ils publièrent, provoquèrent la vengeance de leur parti contre le parti adverse, et le soulèvement et la marche générale et forcée de tous les blancs de la province du sud contre le Port-au-Prince qu'ils considéroient comme assujetti sous l'ancien despotisme. En même tems que presque tous les blancs de la province du nord et une partie de ceux de la province de l'ouest auroient volontiers marché en sens inverse.

Cette même affaire du 29 au 30 juillet valut au colonel Mauduit l'assassinat commis sur sa personne lors de l'arrivée de la station du 3 mars 1791, qui ne parut que pour désobéir aux décrets nationaux et pour nous porter le comble de la désorganisation.

[10] Les principaux chocs et la plupart des événemens qui ont fait de St.-Domingue un vaste pays couvert de sang, de cendres et de ruines, doivent leur naissance non-seulement aux perfides de tous les genres qui s'insinuèrent dans la foule, mais principalement encore à la contradiction manifeste des décrets des assemblées nationales successives, des 8 mars, 12 octobre, 15 mai, 24 septembre etc. qui, en irritant successivement les partis, les entretinrent toujours chacun dans leurs prétentions respectives; car il faut observer que lorsqu'un décret contradictoire à un précédent arrivoit à St.-Domingue, une foule de lettres annonçoient qu'il avoit été surpris à l'assemblée dans un moment où elle étoit peu nombreuse, moment duquel les partisans de telle ou telle autre opinion avoient adroitement profité, mais que le rapport de cette loi étoit immanquable et prochain. Alors, l'espèce de résistance que faisoit provisoirement le parti offensé avoit une sorte d'excuse dans ces avis et dans l'expérience du passé, et se trouvoit tout-à-fait justifiée lorsque, peu de semaines après, un décret contradictoire au dernier arrivoit et confirmoit les avis reçus. Telle est la marche qui a été constamment suivie. Les décrets sur-tout qui contrarioient l'ordre et l'intérêt colonial, et dont on pouvoit espérer que l'intérêt national et celui des commerçans de la métropole solliciteroient et obtiendroient le rapport: ces décrets, dis-je, devoient rencontrer et ont trouvé en effet plus d'opposition que les autres.

C'est ainsi que par la suite les massacres, les incendies et le pillage de nos villes les plus considérables, s'ils furent exécutés par les hommes de couleur, trouvèrent du moins leurs prétextes ou leurs provocations ou approbations positives dans la conduite de quelques personnages envoyés de France, et dans les mésintelligences accidentelles ou combinées qui s'élevèrent entre les agens nationaux de tous genres et de tous grades; et l'on s'étonne, et l'on feint de s'indigner contre les Colons blancs, de ce qu'ils ont douté que ces vacillations et ces excès fussent l'expression de la volonté nationale ! . . . . .

(11) L'événement n'a que trop justifié les appréhensions des blancs. Si ceux-ci résistèrent aux hommes de couleur, fait sur lequel on s'appésantit, et que l'on produit contre eux en l'isolant des circonstances qui l'expliquent, j'en donne les motifs plausibles; et, d'ailleurs, qu'opposèrent-ils donc aux assassins autre chose qu'une marche brave et loyale, que ces moyens de défense légitimes par lesquels on s'expose aux chances d'un combat ? Ont-ils allumé quelque part la torche, cette arme familière de leurs atroces ennemis ? La querelle des Colons devoit-elle entraîner la perte des Colonies, qui, pour tant de raisons, appartenoient plus à la métropole qu'aux Colons eux-mêmes? Quel motif dicta donc mes ardentes réclamations et celles de plusieurs de mes concitoyens au Port-au-Prince, pour la confection du concordat honteux pour les Européens passé à la Croix-des-Bouquets, et dont je fus l'un des signataires? Est-ce la crainte que nous inspiroient les hommes de couleur, ou celle du poignard sous lequel ils tenoient les habitans épars des campagnes; et celle de ces torches si fatales pour la

France, à laquelle nous voulions conserver du moins quelques débris aux dépens même de notre honneur !

Et c'est cette patrie à qui nous avons tout sacrifié, qui nous tient dans un état de proscription continuelle?.... et qui reçoit en même-temps au sein de son sénat suprême les députés des incendiaires destructeurs de ses richesses et de ses ressources ! .... et ces députés osent encore solliciter de la mère injuste et cruelle qu'ils trahissent, des lois horribles contre ses enfans les plus fidèles ! .....

[12] Je dis, Grégoire, Brissot et quelques autres : car, en supposant même que les lettres qui leur ont été attribuées ne soient pas leur ouvrage, il n'en est pas moins certain qu'ils ont contribué pour beaucoup à la perte des Colonies.

(13) On s'apperçoit que je fais peu mention des noirs esclaves: c'est qu'en effet, quoiqu'ils composassent dans la suite le plus grand nombre des insurgés, ils n'étoient, dans les premières années, que les agens des hommes de couleur, et partout stimulés et dirigés par eux. Si, dans la suite, ils ont à leur tour acquis la prépondérance et fait aux hommes de couleur ce que ceux-ci avoient fait aux blancs, c'est autant par une suite de ce systême destructeur de toutes les classes, qu'ont successivement manifestés les agitateurs nationaux, que par une conséquence toute naturelle du nombre supérieur des noirs, et de leur inimitié éternelle contre les mulâtres, qui devoient s'attendre à ce résultat, et auxquels ces noirs ne s'étoient joints pour maltraiter les blancs, qu'à force de séductions et de contrainte, et parce que ceux-ci, sauf quelques lègères

exceptions, répugnoient à se servir d'eux contre les hommes de couleur.

Je dois ajouter, cependant, que j'entends par hommes de couleur en révolte, même les noirs libres qui, la plupart, devant cette liberté à la libre volonté et générosité de leurs anciens maîtres, à qui, par-dessus ce sacrifice, il en avoit coûté deux ou trois mille livres pour faire ratifier cet acte de bienfaisance, n'hésitèrent cependant pas à coopérer avec tout l'acharnement possible à leur destruction et à leur ruine.

Il est fâcheux pour moi d'être ainsi forcé d'accuser en masse toute une caste. Je sais que ces genres d'accusations ne plaisent pas, mais la vérité n'est qu'une; et malheureusement, si, dans d'autres populations on cite les malfaiteurs, ici la population a entièrement coopéré au meurtre, à l'incendie, au pillage, sauf les plus légères exceptions parmi lesquelles on compte quelques traits de générosité.

(14) En effet, depuis le commencement de la guerre, nos commerçans ont-ils osé mettre un seul bâtiment dehors? Tous nos navires ne pourrissent-ils pas dans l'inaction? nos matelots n'ont-ils pas passé à l'étranger, et la splendeur de notre marine ne s'est-elle pas éclipsée pour long-temps, à moins que l'on n'emploie des moyens extraordinaires et extrêmement coûteux pour la rétablir?

(15) Ce fait est incontestable; et je pense qu'il est trop prouvé et trop connu pour qu'il soit besoin de citer toutes les circonstances où il a eu lieu, et qui ont été presque aussi fréquentes que les combats eux-mêmes.

(16) Qu'on ne se figure point que les excès de la révolution française, soit qu'on veuille parler du genre

et de la cruauté de la guerre des chouans, soit des hauts faits des agens de la terreur, ou des horreurs conseillées par le fanatisme, soient des inventions modernes de la métropole. Elles sont le fruit du génie sanguinaire des hommes de couleur à Saint-Domingue, ou de ceux qui les ont dirigés. Ces hommes semblent avoir été chargés de faire, dans cette malheureuse Colonie, l'essai de ces moyens avant qu'on osât ici les mettre en pratique. En effet : les fusillades en masse, les égorgemens partiels, les incendies et les dévastations de tous genres, les assassinats religieux, les trahisons : tout cela, dis-je, s'est opéré à Saint-Domingue dès les années 1791 et 1792, et s'y est perpétué jusqu'à ce jour et nous n'avons vu ces atrocités s'introduire en France qu'en 1793.

(17) Une cruauté de cette nature exercée sur la jeune et intéressante dame Séjournet, à Jérémie, n'a pas peu contribué à échauffer les têtes des Jérémiens contre ces hommes exécrables.

(18) On peut citer entr'autres l'exemple de ces prisonniers blancs du petit Goave, qui, après avoir été détenus quelque temps furent conduits, enchaînés, à une petite distance de la ville, et tous fusillés. Cette paroisse s'est distinguée par des faits de ce genre : elle fit une autre expédition, qui, dans un moment où tout étoit parfaitement tranquille, coûta la vie à plus de 90 blancs, qu'elle envoya égorger un à un au sein de leurs travaux paisibles et épars ; elle fut ensuite imitée par presque tous les quartiers.

[19] Sans compter l'influence qu'avoient en général plusieurs religieux sur les actions des insurgés, ceux-ci avoient au Trou-Coffy, dans les montagnes de

Léogane, un centre d'insurrection; présidé et-à-peu-près uniquement dirigé par un homme de couleur se faisant appeller Romain-le-Prophête. Il prophétisoit avec beaucoup d'appareil et de cérémonies mistérieuses. Les inspirations qu'il disoit recevoir du ciel commandoient toujours de nouveaux massacres sur les blancs et étoient suivies de l'obéissance la plus empressée.

[20] Ils ont aussi commis plusieurs trahisons envers les blancs; la plus horrible est celle dont tous les malheureux jeunes gens de l'Islet périrent victimes en un seul jour. Ces jeunes gens, confiants dans les hommes de couleur, la plupart leurs frères et leurs parens, et qui, quoique nés d'unions illégitimes, avoient plus ou moins considérablement partagé les biens du père commun, partent avec eux pour une expédition dans laquelle ils devoient courir les mêmes dangers contre un quartier où l'incendie se manifestoit, et sont conduits dans une embuscade par ces hommes qui les livrent, tournent leurs armes contr'eux et les assassinent.

[21] Et Sonthonax exerce de nouveau le pouvoir suprême dans ces malheureuses contrées! . . . ô horreur! des pays entiers seront détruits par quelques hommes et ces hommes triompheront de leurs affreux succès en présence de leurs victimes et à la face de l'univers! Ne pouvoit-on pas du moins faire un choix qui n'eût pas été chargé du poids de la prévention et de l'accusation générale, et de tous les caractères de l'ironie et de l'offense contre l'homme déjà malheureux et paisible? Et le gouvernement veut, dit-il, encourager le commerce! Mais est-il en France un seul com-

merçant intègre, habile, capable de réactiver l'industrie qui ne frémisse à l'idée de s'y livrer sous une telle protection? Le silence, trop apathique, il est vrai, des négocians qui jadis honoroient en France cette profession, n'explique que trop au gouvernement combien il est encore éloigné des mesures d'où pourroit résulter la prospérité du commerce. Le premier moyen de protéger une profession seroit, ce semble, d'écouter la voix et de déférer au vœu de ceux qui l'exercent.

(22) C'est pour le moins une grande inconséquence de la part d'hommes éclairés, et dont le devoir est de s'occuper non-seulement de la sureté présente, mais aussi de la sureté à venir, que de croire que des hommes étrangers au sol, à la population, et à toutes les ressemblances physiques et morales d'une nation qui les protège, méritent de lui être incorporés et soient susceptibles de lui garder fidélité, sur-tout, s'il arrivoit que dans la suite, une autre nation quelconque leur offrît des relations d'intérêt et de convenances évidemment plus avantageuses; ce qui ne peut manquer d'arriver à l'égard de St.-Domingue.

De l'Imprimerie de CH. DESBRIERE, rue et place Sainte-Croix, chaussée d'Antin.

www.ingramcontent.com/pod-product-compliance
Lightning Source LLC
LaVergne TN
LVHW010107230826
846091LV00005B/2135

* 9 7 8 2 0 1 3 3 5 9 6 3 4 *